ASTROLOGIE
DER KLEINE GUIDE

ASTROLOGIE
DER KLEINE GUIDE

Anna McKenna

INHALT

Einleitung	5
Widder	6
Stier	20
Zwillinge	34
Krebs	48
Löwe	62
Jungfrau	76
Waage	90
Skorpion	104
Schütze	118
Steinbock	132
Wassermann	146
Fische	160
Die Kompatibilität der Sternzeichen	174

EINLEITUNG

Dieses Buch befasst sich mit der Sonnenzeichenastrologie, also mit den Sternzeichen, in denen die Sonne bei der Geburt stand. Damit können Sie allein auf der Grundlage des Tierkreises, ganz ohne astrologische Tabellen und Spezialwissen, sowohl etwas über sich selbst erfahren als auch Einblicke in das Wesen anderer Menschen gewinnen, denn die Sonne symbolisiert im Horoskop die Persönlichkeit und beeinflusst so unser aktives Handeln.

Wer sich bereits eingehender mit Astrologie beschäftigt hat, weiß, dass diese weit mehr umfasst als nur die Tierkreiszeichen. Aus den Mondzeichen, die für die Intuition, die Seele des Menschen stehen, der Stellung der Planeten bei unserer Geburt, dem Aszendenten, der in der Astrologie unsere Selbst- und Außenwahrnehmung beschreibt, und weiteren Faktoren, die unsere genaue Geburtsstunde und der Geburtsort liefern – die Grundlage für ein Radixhoroskop, das Geburtshoroskop –, lassen sich interessante Dinge herauslesen, ganz zu schweigen von der reizvollen Möglichkeit, Voraussagen zu treffen.

Die folgenden Seiten bieten einen leicht verständlichen Einstieg in die Materie. Neben dem lateinischen Namen der Tierkreiszeichen erfahren Sie, welche Planeten unseres Sonnensystems ihnen zugehörig sind, sie „beherrschen", denn die ihnen zugesprochenen Eigenschaften korrespondieren mit denen des entsprechenden Tierkreiszeichens und verstärken den astrologischen Charakter des in dem Sternzeichen geborenen Menschen. Auch die Elemente Erde, Wasser, Feuer und Luft, denen jeweils drei Sternzeichen zugeordnet sind, bestimmen Persönlichkeitsmerkmale. Sie lassen sich aus der Natur der Elemente ableiten. In der Einteilung in die drei Qualitäten kardinal, fix und veränderlich als weiterer Aufgliederung des Tierkreises zeigt sich, in welcher Form das jeweilige Zeichen aktiv wird. Und den jedem Tierkreiszeichen zugeordneten Edelsteinen liegt der in vielen Kulturen verankerte Volksglaube zugrunde, dass diese Monats- oder Geburtssteine dank der ihnen nachgesagten Eigenschaften eine ausgleichende oder mäßigende Wirkung auf den Träger haben.

Wir wünschen Ihnen viel Freude mit diesem Buch – vielleicht weckt es Ihr Interesse und Sie bekommen Lust, sich näher mit diesem faszinierenden Thema zu befassen!

WIDDER

21. März – 19. April

Widder
21. März – 19. April

Lateinischer Name: **ARIES**

Herrscherplanet: **MARS**

Element: **FEUER**

Qualität: **KARDINAL**

Edelstein: **HELIOTROP**

Leitspruch: **„ICH BIN"**

Positive Eigenschaften: aktiv, abenteuerlustig, mutig, optimistisch

Negative Eigenschaften: ungeduldig, impulsiv, egoistisch, herrisch

Der Widder ist das erste Zeichen des Tierkreises. Er wird mit Frühling, Neubeginn und dynamischer Energie assoziiert. Er sprudelt über vor Enthusiasmus, kann aber auch sehr ichbezogen sein.

Widder

21. März – 19. April

Sternbild Widder, lateinisch
ARIES

In der Tierwelt sind Widder dafür bekannt, sich mit beharrlichen Kopfstößen einen Weg durch alle Hindernisse zu bahnen und furchtlos alles anzugreifen, was sich ihnen in den Weg stellt. Dieses direkte, manchmal streitlustige Wesen zeichnet auch das Sternzeichen aus. Sein forsches Auftreten, ohne auf die Konsequenzen zu achten, kann ihn voranbringen – oder sein Untergang sein.

Herrscherplanet
MARS

Der Widder wird vom roten, heißen Mars beherrscht. Die Römer verehrten Mars als Gott des Krieges, analog zu Ares in der griechischen Mythologie. Die Marsenergie ist angriffslustig und konfrontativ. Sie symbolisiert rohe, männliche Energie und kann eine gewaltige Wucht entfalten. Widder besitzen diese kriegerische Eigenschaft ihres Herrscherplaneten.

Widder
21. März – 19. April

Der Widder ist ein
FEUER-
ZEICHEN

Mit seinem Element, dem Feuer, hat der Widder die Kraft, Dinge in Bewegung zu setzen und Taten anzustoßen. Das Feuer verleiht ihm Kreativität und Enthusiasmus. Widder sind freigiebig und herzlich. Wird ihre wilde Energie jedoch behindert, kann das hitzige Gemüt explodieren.

Der Widder ist ein KARDINALZEICHEN

Kardinalzeichen sind Personen, die führen und die Initiative ergreifen. Widder haben einen motivierenden, kreativen Führungsstil. Sie verspüren das Bedürfnis, Gedanken in die Tat umzusetzen. Den Wunsch, ihre Ziele zu erreichen, verfolgen sie auf energische, manchmal auch impulsive Weise.

Widder
21. März – 19. April

Widder – bestenfalls

Im besten Falle sind Widder freundlich, herzlich und großzügig. Sie sind treue, verlässliche Freunde und stets hilfsbereit, ohne eine Gegenleistung zu erwarten. Wenn ein Widder liebt, dann aus ganzem Herzen, und er beschützt seine Lieben vehement. Bei Zusammenkünften ist er dank seiner Lebendigkeit und seines herrlichen Sinnes für Humor gerne gesehen.

Durch seine Position als erstes der 12 Sternzeichen wird er manchmal auch als das „Baby" des Tierkreises bezeichnet, und seine Lebenseinstellung kann von einer kindlichen Unschuld geprägt sein. Diese Eigenschaft macht ihn erfrischend ehrlich und vertrauenswürdig. Widder haben keine Angst vor dem Unbekannten, und ihre fröhliche Abenteuerlust macht sie zu wunderbaren Reisegefährten.

Widder – schlimmstenfalls

Der Widder mag es, Dinge zu erledigen und abzuhaken, und kann nur schwer verstehen, wenn andere nicht den gleichen Tatendrang zeigen. Hat er das Gefühl, etwas oder jemand versperrt ihm den Weg, tendiert er dazu, mit aller Kraft voranzustürmen und Hindernisse dem Erdboden gleichzumachen. Der Widder kann rechthaberisch und selbstsüchtig sein und allen zürnen, die seine Vorstellung nicht teilen.

Geduld ist nicht seine Stärke. Er kann aufbrausend sein, beruhigt sich aber in der Regel schnell wieder, um sich auf den nächsten Schritt zu konzentrieren. Wenn seine Bedürfnisse nicht befriedigt werden oder er sich ungeliebt oder nicht wertgeschätzt fühlt, kann das zu Verunsicherung führen. Dies wiederum hat eine verstärkte Ichbezogenheit zur Folge und ein gesteigertes Bedürfnis nach Bestätigung.

Widder
21. März – 19. April

Der Widder und
DIE LIEBE

Der feurige, leidenschaftliche Widder verliebt sich schnell und überrascht die andere Person häufig mit seiner Eile und Direktheit. Widder geben aus ganzem Herzen und sind spontane und amüsante Liebespartner. Mit der Zeit können sie jedoch selbstsüchtig werden und das Interesse an der Beziehung verlieren, wenn die Leidenschaft abflaut.

Der Widder
IM BERUF

Widder sind ein Gewinn für jedes Team, denn sie sind begeisterungsfähig und steuern kreative Ideen bei. Gedanken weiterzuverfolgen oder sich um Details zu kümmern, zählt jedoch nicht zu ihren Stärken, denn sie tendieren dazu, sich leicht ablenken zu lassen. Sie machen sich gut in Führungspositionen, können andere gut motivieren und fühlen sich wohl in der Rolle, eine Gruppe von Menschen zu leiten.

Widder

21. März – 19. April

Wie man Widder GEWINNT und an sich BINDET

Soll die Beziehung von Dauer sein, müssen Sie das gleiche Maß an Begeisterung und Lebensfreude aufbringen können. Unehrlichkeit, Untreue oder Kleinlichkeit duldet der Widder nicht, und er ist, trotz seiner draufgängerischen Art, sensibel und verletzlich. Nähren Sie die Flamme der Leidenschaft und seien Sie nett zu Ihrem Widder.

BERÜHMTE WIDDER

Robert Downey Jr., Lady Gaga,
Reese Witherspoon, Emma Watson, Alec Baldwin,
Victoria Beckham, Quentin Tarantino,
Elton John, Guccio Gucci

„Meine Mission ist, nicht nur gerade so
zu überleben, sondern aufzublühen –
und das mit etwas Leidenschaft, etwas
Mitgefühl, etwas Humor und etwas Stil."

Maya Angelou
Schriftstellerin, Sängerin, Bürgerrechtlerin

STIER

20. April – 20. Mai

Stier
20. April – 20. Mai

Lateinischer Name: **TAURUS**

Herrscherplanet: **VENUS**

Element: **ERDE**

Qualität: **FIX**

Edelstein: **SAPHIR**

Leitspruch: **„ICH HABE"**

Positive Eigenschaften: verlässlich, pragmatisch, naturbegeistert, sinnlich

Negative Eigenschaften: störrisch, gierig, besitzergreifend, geizig

Der Stier ist ein fixes Erdzeichen, was ihn zu einem praktisch denkenden Menschen macht, der sich der Natur verbunden fühlt. Sein Eigensinn kann jedoch zu Konflikten führen.

Stier

20. April – 20. Mai

Sternbild Stier, lateinisch
TAURUS

Im Tierreich sind Stiere für ihre Stärke und Ausdauer bekannt. Sie können vieles geduldig ertragen und unterwerfen sich nicht so schnell. Auch die im Sternzeichen Stier Geborenen sind, wenn nötig, tüchtig und beharrlich. Werden sie provoziert, können sie wütend werden und ihr Umfeld mit einem plötzlichen Gefühlsausbruch überraschen.

Herrscherplanet
VENUS

Die Venus ist der Liebesplanet. Wer von ihr beherrscht wird, fühlt sich von den schönen Dingen des Lebens angezogen, hat ein großes Harmoniebedürfnis und umgibt sich gerne mit Luxus und Eleganz. Stiere erschaffen sich ein gemütliches Heim und wissen gutes Essen, nette Gesellschaft und die sinnlichen Freuden zu genießen.

Stier

20. April – 20. Mai

Der Stier ist ein

ERD-
ZEICHEN

Der erdbetonte Stier ist bodenständig und standhaft und arbeitet hart, um seine Ziele zu verwirklichen. Er lässt sich durch nichts beirren und geht die Dinge systematisch an. Stiere haben eine tiefe Naturverbundenheit und schöpfen Kraft, wenn sie in der Natur sind. Reizt man sie, entlädt sich ihr Ärger mit der Macht eines Erdbebens – und auch mit der gleichen Zerstörungskraft.

Der Stier ist ein
FIXES ZEICHEN

Als fixes Zeichen verfügt der Stier über ein ausgeprägtes Konzentrationsvermögen und kann sich einer Aufgabe mit steter Präzision widmen. Sein Starrsinn kann jedoch kontraproduktiv sein. Bei der Lösung eines Problems schafft er es manchmal nicht, einen anderen Standpunkt einzunehmen und über den Tellerrand zu schauen.

Stier
20. April – 20. Mai

Stier – bestenfalls

Ein glücklicher Stier ist geduldig, freundlich und umgänglich. Stiere sind hervorragende Gastgeber und laden gerne in ihr gemütliches Zuhause ein, um ihre Kochkünste unter Beweis zu stellen. Sie sind aufmerksame Freunde, auf deren Hilfe man sich verlassen kann. Durch ihre Beständigkeit wirken sie gelassen, das beruhigt in stressigen Zeiten und tröstet.

Stiere schätzen Geld und Besitz und gehen sorgsam damit um. Sie arbeiten auf ein Leben in Wohlstand hin und achten sehr auf ihre natürliche Umgebung. Der Stier ist, als das zweite Zeichen, sozusagen das „Kleinkind" des Tierkreises. Wird er gut versorgt und geliebt, sodass er sich wohlfühlt, ist der Stier herzensgut, charmant und jemand, mit dem man gerne Zeit verbringt.

Stier – schlimmstenfalls

Wenn Sie versuchen, einen Stier zu einer Entscheidung zu drängen oder von Ihrer Meinung zu überzeugen, werden Sie erleben, wie er hartnäckig die Hufe in den Boden stemmt und sich keinen Zentimeter bewegt. Seine Idee mag nicht die beste sein, aber wenn ein Stier sich auf etwas festgelegt hat, ist er für Alternativen blind und taub.

Gerät seine Vorliebe für Geld und Bequemlichkeit außer Kontrolle, kann er gierig und besitzergreifend werden. Stiere laufen dann Gefahr, sich selbstsüchtig auf den Aufbau des eigenen Reiches zu konzentrieren, ohne auf die Bedürfnisse anderer zu achten. Sie können auch träge und schwerfällig werden, wenn sie sich zügellos den Annehmlichkeiten des Leben hingeben und stur jeden Rat ignorieren, besser auf ihre Gesundheit zu achten.

Stier
20. April – 20. Mai

Der Stier und
DIE LIEBE

Der gefühlsbetonte, romantische Stier investiert viel Liebe und Zuwendung in seine Beziehungen. Überstürzte Affären sind seine Sache nicht. Er braucht die Gewissheit einer soliden Basis, um eine dauerhafte Liebesbeziehung aufzubauen. Stiere sind sehr beständig und überaus sinnliche, freigiebige Liebende.

Der Stier
IM BERUF

Stiere gehen im Arbeitsumfeld sehr planvoll und methodisch vor und erledigen eine Aufgabe gerne gründlich. Häufig fühlen sie sich am wohlsten, wenn sie alleine arbeiten können, ohne von weniger konzentrierten Kolleginnen und Kollegen gestört oder abgelenkt zu werden. Als Führungskräfte können sie geduldig und motivierend sein, solange man ihre Meinung respektiert und nicht infrage stellt.

Stier

20. April – 20. Mai

Wie man Stiere GEWINNT und an sich BINDET

Ein Stier wünscht sich eine gutherzige, geduldige Person, die die Freuden des Lebens mit ihm teilen will. Er wird nicht gerne herumkommandiert oder als selbstverständlich erachtet. Zeigen Sie Ihrem Stier, dass Sie zu schätzen wissen, was Sie an ihm haben, und dass Sie, wie er, entschlossen sind, eine stabile Beziehung aufzubauen.

BERÜHMTE STIERE

Königin Elizabeth II., George Clooney,
Penelope Cruz, David Beckham, Andy Murray,
Billy Joel, Dev Patel, Adele, Mark Zuckerberg

„Wenn du etwas wirklich willst,
dann findest du auch heraus, wie du
es verwirklichen kannst."

Cher
Sängerin, Schauspielerin

ZWILLINGE

21. Mai – 20. Juni

Zwillinge
21. Mai – 20. Juni

Lateinischer Name: **GEMINI**

Herrscherplanet: **MERKUR**

Element: **LUFT**

Qualität: **VERÄNDERLICH**

Edelstein: **ACHAT**

Leitspruch: **„ICH KOMMUNIZIERE"**

Positive Eigenschaften: vielseitig, freundlich, ausdrucksstark, geistreich

Negative Eigenschaften: unzuverlässig, trügerisch, unberechenbar, widersprüchlich

Im Sternzeichen Zwillinge Geborene sind überaus kommunikativ, an vielen verschiedenen Themen interessiert und freiheitsliebend. Es macht Spaß, Zeit mit ihnen zu verbringen, wenngleich sie bisweilen etwas flatterhaft und launisch sein können.

Zwillinge
21. Mai – 20. Juni

Sternbild Zwillinge, lateinisch
GEMINI

Zwillingen wird nachgesagt, zwei Persönlichkeiten in sich zu tragen – eine gute, positive Seite und einen finsteren Charakterzug. Wenn diese beiden Seiten einander ergänzen, können Zwillinge talentiert und wandlungsfähig sein. Steht die innere Dualität jedoch unter Spannung, erscheint die Person zwiegespalten und widersprüchlich.

Herrscherplanet
MERKUR

Der römische Gott Merkur und sein griechisches Äquivalent Hermes waren Götterboten. Mit geflügelten Füßen erledigten sie geschwind ihre Aufträge. Die schnelle Merkurenergie steuert die Kommunikation und den Intellekt. Zwillinge sind geistig beweglich, entwickeln rasch neue Ideen und erfassen Informationen in Höchstgeschwindigkeit.

Zwillinge
21. Mai – 20. Juni

Die Zwillinge sind ein
LUFT-ZEICHEN

Um als Luftzeichen ein zufriedenes Leben zu führen, benötigen Zwillinge viel Raum und Freiheit. Sie haben nicht das Bedürfnis, sich an Menschen und Orte zu binden. Sie genießen es, sich spontan einer Sache zuzuwenden, die ihr Interesse weckt, um dann, wie ein Schmetterling, zum nächsten Reiz weiterzuflattern.

Die Zwillinge sind ein VERÄNDERLICHES ZEICHEN

Aufgrund ihrer Vielseitigkeit lassen Zwillinge sich nicht auf einen bestimmten Standpunkt festlegen. Sie können jede Situation aus zahlreichen Blickwinkeln betrachten, lieben Veränderung, passen sich problemlos an ein neues Umfeld an und kommunizieren offen mit Menschen aus unterschiedlichen Gesellschaftsschichten. Ihr chamäleonartiges Wesen macht es anderen manchmal schwer, ihren wahren Charakter zu erkennen.

Zwillinge
21. Mai – 20. Juni

Zwillinge – bestenfalls

Mit Zwillingen ist man in höchst unterhaltsamer Gesellschaft. Durch ihre breit gefächerten Interessen und ihren Esprit sind sie anregende Gesprächspartner. Sie sind stets offen für neue Ideen, lernen gerne etwas dazu und haben Freude daran, ihr Wissen mit anderen zu teilen. Sie haben eine Schwäche fürs Reisen, da es ihren Entdeckergeist und Forscherdrang befriedigt.

Ihr Witz und ihre Unbekümmertheit machen sie zu perfekten Entertainern. Genießt man ihre Aufmerksamkeit, sind sie sympathisch, einnehmend und lustig. Sie sind tolle Partygäste und haben ein Talent dafür, Leute zusammenzubringen. Zwillinge interessieren sich aufrichtig für andere Menschen und das Leben, was ihren Geist wach und jung hält.

Zwillinge – schlimmstenfalls

Aufgrund ihrer Dualität sind sie manchmal schwer zu ergründen. Eine innere Spannung kann unberechenbares, teilweise verwirrendes Verhalten hervorrufen. Ihr Freiheitsdrang und ihr Bedürfnis nach Abwechslung kann dazu führen, dass sie festen Bindungen und Verpflichtungen aus dem Weg gehen oder ihre Versprechen nicht einhalten. Gegenüber den Menschen, die sie auf diese Weise enttäuscht haben, fehlt es Zwillingen oft an Mitgefühl.

Zwillinge neigen dazu, rasch ihre Meinung zu ändern und das Interesse zu verlieren. Dadurch wirken sie unzuverlässig, und man fühlt sich von ihnen getäuscht. Ihre Begeisterung für andere Menschen kann in Klatsch- und Tratschsucht ausarten, und nicht selten schmücken sie Gerüchte eigenhändig aus. Die Kehrseite der funkelnden Persönlichkeit ist manchmal düster und selbstsüchtig.

Zwillinge
21. Mai – 20. Juni

Die Zwillinge und
DIE LIEBE

Zwillinge bleiben im Herzen jung und gehen Liebesbeziehungen spielerisch und kokett an. Dank ihrer von Merkurenergie gespeisten Schlagfertigkeit, sind ihre Interaktionen lebhaft und schwungvoll. Sie tauschen gerne Ideen und Erfahrungen aus und blühen in guter Gesellschaft auf. Fehlt es der Beziehung jedoch an Spaß und Humor, ziehen Zwillinge unbekümmert – und zuweilen leichtfertig – weiter.

Die Zwillinge
IM BERUF

Zwillinge sind hervorragende Teamplayer, die sich am Arbeitsplatz gerne einbringen. Dank ihres innovativen Denkens sind sie häufig gut darin, Probleme effektiv zu lösen. Allerdings fällt es ihnen schwer, Prioritäten zu setzen. Sie lassen sich leicht ablenken und verlieren den Fokus. Als Vorgesetzte sind Zwillinge kommunikativ und freundlich, halten aber vielleicht nicht immer, was sie versprechen.

Zwillinge
21. Mai – 20. Juni

Wie man Zwillinge GEWINNT und an sich BINDET

Zwillinge werden geistig gerne gefordert und schätzen es, sich frei entfalten zu können. Will man ihnen eine bestimmte Denkweise aufzwingen, sie zu etwas verpflichten, das sie nicht wollen, oder sie sonstwie unter Druck setzen, suchen sie rasch das Weite. Achten Sie darauf, interessant zu bleiben, zeigen Sie Interesse und lassen Sie Ihrem Zwillingegeborenen reichlich Freiraum.

BERÜHMTE ZWILLINGE

Angelina Jolie, Johnny Depp, Prince,
Kanye West, Naomi Campbell, Morgan Freeman,
Che Guevara, Bob Dylan, Venus Williams

„Unvollkommenheit ist Schönheit,
Wahnsinn ist Genialität, und es ist besser,
absolut lächerlich zu sein,
als total langweilig."

Marilyn Monroe
Schauspielerin, Sängerin, Fotomodell

KREBS
21. Juni – 22. Juli

Krebs
21. Juni – 22. Juli

Lateinischer Name: **CANCER**

Herrscherplanet: **DER MOND**

Element: **WASSER**

Qualität: **KARDINAL**

Edelstein: **SMARAGD**

Leitspruch: **„ICH FÜHLE"**

Positive Eigenschaften: liebenswürdig, empathisch, großzügig, treu

Negative Eigenschaften: launenhaft, übersensibel, anhänglich, eifersüchtig

Der Krebs ist ein herzensgutes und liebevolles Zeichen, immer bereit, anderen zu helfen. Seine Gefühlsbetontheit und Sensibilität können jedoch zu sprunghaftem und launischem Verhalten führen.

Krebs
21. Juni – 22. Juli

Sternbild Krebs, lateinisch
CANCER

Genauso wie im Tierreich, wo die harte, raue Schale das zarte Innere schützt, wollen auch die im Sternzeichen Krebs Geborenen robuster erscheinen, als sie wirklich sind, und verbergen sich hinter einem wehrhaften Äußeren. Der seitliche Gang der Tiere und ihre Fähigkeit, sich an Objekte zu klammern, spiegelt sich in der indirekten Herangehensweise und Beharrlichkeit des Krebsgeborenen wider.

Herrscherplanet
DER MOND

Der abnehmende und wieder zunehmende Mond beeinflusst Ebbe und Flut. Dieser fortwährende Wechsel ist typisch für den Krebs, dessen Stimmungen schwanken wie die Gezeiten. Der Mond repräsentiert die Kraft des Weiblichen, aus welcher der Krebs sein Feingefühl und seine Intuition schöpft.

Krebs
21. Juni – 22. Juli

Der Krebs ist ein
WASSER-ZEICHEN

Die Wasserenergie versetzt den Krebs in die Lage, durch seine Gefühle und seine Intuition Erkenntnisse zu gewinnen. Krebse können sich leicht auf Menschen und Stimmungen einstellen und die Gedanken und Motive ihres Gegenübers erspüren. Manchmal werden sie von ihren Emotionen überwältigt und handeln dann irrational.

Der Krebs ist ein
KARDINAL-ZEICHEN

Krebse sind Führungspersonen und streben instinktiv danach zu handeln. Ihr Einfühlungsvermögen hilft ihnen, die Stärken von Menschen zu erkennen, sodass sie das Beste in ihnen zum Vorschein bringen und ein Team erfolgreich leiten können. Sie vertrauen auf ihr Bauchgefühl, und das zahlt sich häufig aus, denn sie ahnen, wie man die Dinge voranbringen kann.

Krebs
21. Juni – 22. Juli

Krebs – bestenfalls

Krebse sind liebenswürdig und rücksichtsvoll und stellen oft das Glück der anderen über ihr eigenes. Ist man mit ihnen befreundet, kann man sich auf ihren Trost und ihre Hilfe verlassen. Sie haben ein ausgezeichnetes Gedächtnis und verwenden viel Zeit und Mühe darauf, Jahrestage und andere besondere Anlässe gebührend zu feiern. Ihr Sinn für Humor ist zuweilen etwas schräg, was manche überrascht.

Eine glückliche Familie und ein harmonisches Zuhause sind für sie sehr wichtig, um sich sicher zu fühlen. So wenden sie reichlich Zeit auf, um gesunde Mahlzeiten zuzubereiten und eine gemütliche Atmosphäre zu schaffen. Wenn sie keine eigene Familie haben, engagieren sie sich in der Gemeinde oder für einen anderen guten Zweck.

Krebs – schlimmstenfalls

Die häufigen Stimmungswechsel machen dieses vom Mond beherrschte Zeichen unberechenbar. Die Launenhaftigkeit und Überempfindlichkeit der Krebse kann dazu führen, dass sie mürrisch und griesgrämig werden. Sie geben und tun viel für andere, aber wenn dies nicht erwidert wird, verbittern sie und werden sarkastisch. Wenn sie verletzt werden, ziehen sie sich zurück und verbergen ihre wahren Gefühle.

Krebse können sich hartnäckig an Situationen und Menschen klammern. Nach Liebeskummer oder anderen schmerzlichen Erfahrungen fällt es ihnen oft schwer, loszulassen und weiter ihres Weges zu gehen. Manche empfinden Krebse als erstickend oder erdrückend, weil diese aufgrund ihrer Unsicherheit so angewiesen darauf sind, Zuneigung zu erfahren.

Krebs
21. Juni – 22. Juli

Der Krebs und
DIE LIEBE

Krebse lieben die Liebe und sind treue, zärtliche Lebensgefährten. Es macht sie glücklich, zu geben und für andere zu sorgen, und sie verteidigen ihre Lieben gegen Angriffe von außen. Gutes Essen und Behaglichkeit spielen in ihren Beziehungen eine wichtige Rolle. Krebse verbringen gerne Zeit zu Hause und machen es sich auf dem Sofa bequem. Auf andere kann das beengend wirken.

Der Krebs
IM BERUF

Krebse arbeiten gut im Team, achten darauf, dass andere Blickwinkel zur Sprache kommen, und liefern konstruktive Beiträge. Vor ihren Launen sollte man sich jedoch in Acht nehmen; es gibt Momente, da lässt man sie besser alleine. In der Führungsposition können Krebse von mitfühlend auf gnadenlos umschwenken. Sie haben einen ausgeprägten Geschäftssinn und können ausgezeichnet mit Geld umgehen.

Krebs
21. Juni – 22. Juli

Wie man Krebse GEWINNT und an sich BINDET

Krebse blühen auf, wenn man ihnen liebevolle Aufmerksamkeit spendet. Sie können über die unmöglichsten Dinge lachen und haben eine Schwäche für die Absurditäten des Lebens. Wenn sie sich vernachlässigt fühlen oder enttäuscht wurden, sind Krebse rasch verletzt. Doch wenn Sie aufrichtige Zuneigung und viel Wertschätzung zeigen, bleibt Ihnen Ihr Krebs gewogen.

BERÜHMTE KREBSE

Tom Cruise, Prinzessin Diana,
Elon Musk, Lana Del Rey, Sylvester Stallone,
Tom Hanks, Linda Ronstadt,
Priyanka Chopra, Ricky Gervais

„Damit die Menschen in deiner Umgebung mit dir zusammenarbeiten, musst du ihnen das Gefühl geben, bedeutend zu sein, indem du aufrichtig und bescheiden bist."

Nelson Mandela
Präsident Südafrikas, Anti-Apartheid-Aktivist, Philanthrop

LÖWE

23. Juli – 22. August

♌

Löwe
23. Juli – 22. August

Lateinischer Name:	**LEO**
Herrscherplanet:	**DIE SONNE**
Element:	**FEUER**
Qualität:	**FIX**
Edelstein:	**ONYX**
Leitspruch:	**„ICH WILL"**

Positive Eigenschaften: herzlich, willensstark, ehrgeizig, großzügig

Negative Eigenschaften: stolz, arrogant, dickköpfig, herrschsüchtig

Löwen sind freundliche und spannende Charaktere, mit viel kreativem Potenzial und einer positiven Grundhaltung. Ihr angeborenes Bedürfnis, der oder die Beste zu sein, hat allerdings eine gewisse Rücksichtslosigkeit zur Folge – andere werden leicht übersehen.

Löwe

23. Juli – 22. August

Sternbild Löwe, lateinisch
LEO

Der Löwe ist nicht nur im Tierreich ein König, auch die im Sternzeichen Löwe Geborenen legen ein königliches Verhalten an den Tag, haben ein stolzes Auftreten und erwarten, beachtet und bewundert zu werden. Gibt man ihnen das Gefühl, wichtig und geliebt zu sein, sind sie gütig und nett. Wer sie jedoch kritisch hinterfragt, bekommt ihren brüllenden Zorn zu spüren.

Herrscherplanet
DIE SONNE

Die Sonne spendet Licht und Leben, und so kann auch der Löwe seinem Umfeld wohlwollende Beachtung schenken. Die feurige, beständige Sonnenenergie verleiht dem Löwen kreative Ausdauer. Sein sonniges Gemüt verbreitet Herzenswärme und Optimismus, doch brennt sein Feuer zu heiß, kann es in Selbstherrlichkeit umschlagen.

Löwe
23. Juli – 22. August

Der Löwe ist ein FEUERZEICHEN

Das Element Feuer verleiht dem Löwen seinen kreativen Elan und die Entschlossenheit, die höchste Erfolgsebene zu erreichen. Getrieben von Ehrgeiz, strebt er Bestleistungen an. Feuer braucht Freiraum, um sich zu entfalten, und kann Explosionskraft entwickeln, wenn man es einsperrt oder zu ersticken versucht.

Der Löwe ist ein
FIXES ZEICHEN

Löwen sind oft willensstarke, entschlossene Menschen, die mit vollem Einsatz auf ein Ziel hinarbeiten. Sie sind nicht leicht zu beeinflussen und vertrauen auf ihre Fähigkeit, Hindernisse zu überwinden. Nichts kann sie von ihrem Traum abbringen. Manchmal legen sie jedoch ein störrisches Verhalten an den Tag und hören nicht auf Ratschläge, die den Prozess beschleunigen könnten.

Löwe
23. Juli – 22. August

Löwe – bestenfalls

Es ist toll, einen Löwen an seiner Seite zu haben. Er steht mit Rat und Tat zur Verfügung und will nur das Beste für die Personen, die ihm nahestehen. Löwen umgeben sich gerne mit positiven Menschen, sind großzügige Gastgeber und allseits beliebt – nicht umsonst gibt es den Ausdruck „Salonlöwe". Ihr Charme und Optimismus ist einnehmend, und sie knüpfen rasch neue Freundschaften.

Dank ihrer praktischen Ader sind Löwen gut darin, Probleme zu lösen. Ihre Kreativität ist ansteckend, und viele Löwen sind herausragende Künstler oder Entertainer. Sie strahlen Wärme und Herzlichkeit aus und teilen bereitwillig ihre Zeit und ihren Besitz mit anderen. Selbstvertrauen und ein würdevolles Auftreten zählen ebenfalls zu ihren Stärken.

Löwe – schlimmstenfalls

Wer einen Löwen provoziert oder infrage stellt, bekommt seine herrische und schonungslose Seite zu spüren. Sein Stolz kann in Arroganz umschlagen und in Verachtung für die Schwächen anderer. Fühlt sich ein Löwe nicht ausreichend wertgeschätzt oder respektiert, reagiert er übellaunig und gereizt.

Löwen neigen mitunter zu Zügellosigkeit und geben viel Geld aus, um ihr Bedürfnis nach Luxus zu befriedigen. Sie können eitel sein und hohe Ansprüche stellen, voller Unverständnis für jene, die ihre Überlegenheit nicht anerkennen. Ihre Neigung zu Dickköpfigkeit kann sich als kontraproduktiv erweisen, da sie Kompromisse verweigern und keine anderen Sichtweisen akzeptieren.

Löwe
23. Juli – 22. August

Der Löwe und
DIE LIEBE

Als Romantiker genießt es der Löwe, die geliebte Person mit teuren Geschenken zu überhäufen und Feste für sie zu veranstalten. Er scheut weder Kosten noch Mühen, damit die Beziehung niemals grau und freudlos wird. Manchmal können Löwen besitzergreifend sein, und auch ihr Wunsch, das Kommando zu übernehmen, kann für ihre Partnerin oder ihren Partner zum Problem werden.

Der Löwe
IM BERUF

Wenn ein Projekt sie interessiert, arbeiten Löwen konzentriert und zielstrebig an der Umsetzung. Sie müssen ihre Kreativität ausleben können und sind gerne Teil des Organisationsteams. In Führungspositionen sind Löwen verantwortungsbewusst und strukturiert. Sie motivieren andere, ihr Bestes zu geben, und führen sie zum Erfolg. Mit ziellosen Menschen verschwenden sie selten ihre Zeit.

Löwe
23. Juli – 22. August

Wie man Löwen
GEWINNT
und an sich BINDET

Löwen blühen auf, wenn sie gelobt werden, und fühlen sich gerne von allen bewundert. Sie brauchen eine Person an ihrer Seite, auf die sie stolz sein können, die Würde und Stil beweist. Untreue oder moralisches Fehlverhalten duldet der Löwe nicht, aber wer ihn von Herzen liebt und ihm gebührend Respekt zollt, wird mit Loyalität belohnt.

BERÜHMTE LÖWEN

Jennifer Lopez, Barack Obama, Sandra Bullock,
Roger Federer, Ben Affleck, Robert De Niro,
Daniel Radcliffe, Alfred Hitchcock,
Helen Mirren

„Ich stehe für Ausdrucksfreiheit, dafür,
dass man an das glaubt, was man tut,
und seine Träume verwirklicht."

Madonna
Sängerin, Songwriterin, Schauspielerin

JUNGFRAU

23. August – 22. September

♍

Jungfrau
23. August – 22. September

Lateinischer Name: **VIRGO**

Herrscherplanet: **MERKUR**

Element: **ERDE**

Qualität: **VERÄNDERLICH**

Edelstein: **KARNEOL**

Leitspruch: **„ICH ANALYSIERE"**

Positive Eigenschaften: ehrlich, fleißig, sorgfältig, hilfsbereit

Negative Eigenschaften: kleinlich, misstrauisch, kritisch, hypochondrisch

Jungfrauen haben ein gutes Herz und das Bedürfnis, anderen zu Diensten zu sein. Geduldig erfüllen sie die täglich anfallenden Aufgaben. Wer ihr Streben nach Perfektion nicht teilt, muss damit rechnen, überkritisch beurteilt zu werden.

Jungfrau
23. August – 22. September

Sternbild Jungfrau, lateinisch
VIRGO

Die Jungfrau wacht über die Ernte und wird mit den Früchten harter Arbeit dargestellt. Sie verwehrt sich selbst Vorteile und Freuden, um stattdessen für andere zu sorgen und für sie da zu sein. Das Lebenskonzept der Jungfrau ist von Hingabe und Klarheit geprägt. Selbstlos engagiert sie sich für Projekte, in denen sie einen Nutzen für das große Ganze erkennt.

Herrscherplanet
MERKUR

Merkur beherrscht den Geist, die Denkweise und das Lernen. Die Jungfrau ist bekannt für ihr analytisches Geschick und ihre Fähigkeit, sich auf Details zu konzentrieren. Die Merkurenergie fördert eine schnelle Auffassungsgabe und versetzt die Jungfrau in die Lage, in jeder Situation Wichtiges von Unwichtigem zu unterscheiden. Sie liest leidenschaftlich gerne und besitzt häufig viele Bücher.

Jungfrau
23. August – 22. September

Die Jungfrau ist ein
ERD-
ZEICHEN

Die erdbetonte Jungfrau findet Stabilität in Alltagsroutinen und im Beruf. Ihre Ziele verfolgt sie beharrlich und systematisch, und bei Projekten achtet sie stets auf ein solides Fundament, bevor sie fortfährt. Jungfrauen lieben es, in der freien Natur zu sein. Sie arbeiten gerne mit den Händen, reparieren Dinge oder bauen etwas Nützliches.

♍

Die Jungfrau ist ein
VERÄNDERLICHES ZEICHEN

Jungfrauen sind extrem anpassungsfähig, Ortswechsel fallen ihnen leicht. Sie gehen keine allzu engen Bindungen ein und schließen in fast jedem Umfeld rasch neue Freundschaften. Instinktiv wissen sie, dass sie Zeit und Raum für sich selbst brauchen, und führen manchmal ein Eremitenleben.

Jungfrau
23. August – 22. September

Jungfrau – bestenfalls

Ihr Bedürfnis, sich nützlich zu machen, gepaart mit der Fähigkeit, sich klaglos den alltäglichen Aufgaben zu widmen, prädestiniert die Jungfrau für ehrenamtliche Tätigkeiten. Bescheiden hält sie sich im Hintergrund und ist nicht auf Lob aus, sondern bringt im Stillen die Dinge voran, zum Wohle der Allgemeinheit. Sie ist eine aufmerksame Freundin und wundervolle Gastgeberin, der es Freude macht, andere perfekt zu unterhalten.

Jungfrauen sind vielfältig interessiert und schätzen eine intelligente Unterhaltung mit Menschen, die ihre scharfe Beobachtungsgabe teilen. Jungfrauen glänzen bei allen Arbeiten, bei denen die Hände zum Einsatz kommen, insbesondere dann, wenn sie etwas Nützliches herstellen können. Viele sind künstlerisch begabt oder beherrschen ein Kunsthandwerk. Sie achten auf ihre Gesundheit, und manche haben sogar heilende Kräfte.

Jungfrau – schlimmstenfalls

Jungfrauen streben nach Perfektion und sind bisweilen überkritisch gegenüber jenen, die ihren hohen Maßstäben nicht genügen. Ihre nüchterne, analytische Herangehensweise kann auf andere gleichgültig wirken, und manchmal fehlt es ihnen an Mitgefühl. Ihre Sorge um die eigene Gesundheit kann zur Obsession werden und selbstsüchtiges, hypochondrisches Verhalten hervorbringen.

Aufgrund ihrer ausgeprägten Skepsis sind Jungfrauen nicht leicht zu überzeugen. Um etwas wirklich glauben zu können, fordern sie umfangreiche Beweise ein. Sie sind pedantisch und nicht leicht zufriedenzustellen. Ihre Vorsicht hält sie manchmal davon ab, zu handeln oder neue Gedanken zu akzeptieren. Für Menschen, die nicht ebenso zurückhaltend sind wie sie, haben sie oft kein Verständnis.

Jungfrau
23. August – 22. September

Die Jungfrau und
DIE LIEBE

Jungfrauen sind treue, anhängliche Liebende. Manchmal brauchen sie ein wenig länger, um sich zu verlieben, geben sich dann aber ganz hin. Es macht sie glücklich, den Alltag gemeinsam zu bewältigen, und sie genießen die einfachen Freuden des Lebens. Von ihrer Partnerin oder ihrem Partner erwarten sie Anstand und gutes Benehmen. Zu viel Emotion ist ihre Sache nicht.

Die Jungfrau
IM BERUF

Jungfrauen arbeiten akribisch, effizient und planvoll. Sie schätzen einen klaren, konzentrierten Gedankenaustausch und dulden keine Ablenkungen. Sie haben ein Talent dafür, die richtigen Prioritäten zu setzen. In der Führungsrolle stellen Jungfrauen hohe Ansprüche und sparen nicht mit offener Kritik, wenn jemand weniger Engagement und Einsatz zeigt als sie selbst.

Jungfrau
23. August – 22. September

Wie man eine Jungfrau
GEWINNT
und an sich BINDET

Die Jungfrau fühlt sich von Menschen angezogen, die sich gut darstellen und geistreich unterhalten können. Sie genießt es, fremde Orte zu besuchen und Neues kennenzulernen, und wünscht sich diesen Entdeckergeist auch bei ihrer Partnerin oder ihrem Partner. Lassen Sie Ihrer Jungfrau genügend Freiraum und Zeit für sich; sie weiß dies sehr zu schätzen.

BERÜHMTE JUNGFRAUEN

Cameron Diaz, Keanu Reeves,
Stephen King, Mutter Teresa, Tim Burton,
Van Morrison, Freddie Mercury,
Tom Hardy, Salma Hayek

„Ich habe nie gesagt:
‚Ich will alleine sein', sondern ich sagte:
‚Ich möchte in Ruhe gelassen werden.'"

Greta Garbo
Schauspielerin

WAAGE

23. September – 22. Oktober

Waage
23. September – 22. Oktober

Lateinischer Name: **LIBRA**

Herrscherplanet: **VENUS**

Element: **LUFT**

Qualität: **KARDINAL**

Edelstein: **CHRYSOLITH**

Leitspruch: **„ICH GLEICHE AUS"**

Positive Eigenschaften: charmant, fair, freundlich, kooperativ

Negative Eigenschaften: unentschlossen, träge, streitsüchtig, gefühlskalt

Die Waage ist freundlich und umgänglich. Sie hat einen ausgeprägten Gerechtigkeitssinn und strebt danach, das Richtige zu tun. Intelligente Gespräche bereiten der Waage Freude, aber manchmal kann sie streitlustig sein.

Waage
23. September – 22. Oktober

Sternbild Waage, lateinisch
LIBRA

Eine Waage symbolisiert Gerechtigkeit und Balance. Dies äußert sich beim Sternzeichen Waage als tief verankertes Bedürfnis nach Harmonie und Fairness. Sie tritt für das moralisch Richtige ein. In einem von Ungerechtigkeit geprägten Umfeld tut die Waage sich schwer. Bei Konflikten achtet sie gewissenhaft darauf, alle Seiten zu hören, bevor sie ihre wohlüberlegte Schlussfolgerung zieht.

Herrscherplanet
VENUS

Die Venus ist der Planet der Liebe und der Schönheit – zwei Aspekte des Lebens, die eine Waage braucht, um glücklich zu sein. Mit Freude richtet sie sich ein schönes Zuhause ein und umgibt sich mit Kunstobjekten. In Beziehungen ist sie der bestimmende Part, und sie braucht eine Person in ihrem Leben, die ihr wirklich wichtig ist. Sie ist überaus gesellig und für jeden Spaß zu haben.

Waage
23. September – 22. Oktober

Die Waage ist ein

LUFT-ZEICHEN

Trotz ihrer Geselligkeit bewahrt sich die Waage ihre Unabhängigkeit und kann auch gut alleine sein. Zum Leben anderer Leute pflegt sie eine gewisse Distanz und zieht es vor, sich nicht durch Verpflichtungen einschränken zu lassen. Die Waage braucht reichlich geistige Stimulation, und in Debatten und Streitgesprächen blüht sie auf.

Die Waage ist ein
KARDINALZEICHEN

Das kardinale Prinzip verleiht der Waage Führungskompetenz. Dank ihrer klaren Logik und der wohlüberlegten Vorgehensweise folgen ihr die Menschen gerne. Ihre Fähigkeit, die verschiedenen Faktoren eines Problems präzise zu erfassen und sorgfältig abzuwägen, versetzt die Waage in die Lage, kluge Lösungen und Strategien zu entwickeln.

Waage
23. September – 22. Oktober

Waage – bestenfalls

Die Waage strebt nach Frieden und Harmonie und gibt eine gute Schiedsrichterin ab. Sie ist redlich, wünscht sich Gleichberechtigung und macht sich bisweilen als Wortführerin für die gute Sache stark, zugunsten der Benachteiligten. Die Waage kann gut zuhören; sie bietet gerne ihren Rat oder andere Sichtweisen an. Das macht sie zu einer wahren Freundin, auf deren Beistand und Anregungen Verlass ist.

Ihr Sinn für Ästhetik und Kunst erleichtert es ihr, eine harmonische Umgebung zu erschaffen, in der alles im Gleichgewicht ist. Die Waage achtet sehr auf ihr Äußeres und hat ein natürliches Stilbewusstsein. Sie liebt gesellige Treffen und ist eine reizende Gesprächspartnerin, die eine Unterhaltung immer wieder neu in Gang zu bringen vermag.

Waage – schlimmstenfalls

Die Waage kann unzuverlässig und unberechenbar sein. Ihre Freiheitsliebe erschwert es ihr bisweilen, Verpflichtungen einzugehen und sich festzulegen. Manchmal ist die Waage träge und zieht es vor, sich zu entspannen und Freunde zu treffen, statt lästige Arbeiten zu erledigen. Da sie ein Gespür dafür hat, wie andere aus der Reserve gelockt werden können, neigt sie zu manipulativem Verhalten.

Das Bedürfnis der Waage, eine Sache von allen Seiten zu betrachten, kann kontraproduktiv und für andere frustrierend sein. Ihre Unparteilichkeit wirkt manchmal wie mangelndes Mitgefühl, denn zu schwierigen Situationen und Personen geht sie gerne auf Abstand. Die Waage kann treulos sein, widersprüchlich agieren und von einer Minute auf die andere die Seiten wechseln.

Waage
23. September – 22. Oktober

Die Waage und
DIE LIEBE

Die Waage hat ein tiefes Bedürfnis nach einer Liebesbeziehung und ist als Partnerin charmant und fürsorglich. Sie strebt nach Harmonie und genießt es, die schönen Dinge des Lebens mit einer geliebten Person zu teilen. Allerdings kann die Waage auch wankelmütig sein und ohne zu zögern von einer Affäre zur nächsten wechseln.

Die Waage
IM BERUF

Im Sternzeichen Waage Geborene sind kooperativ, lösen Probleme gerne auf kreative Weise und schließen Bündnisse. Sie sind freundlich und hilfsbereit und erbringen in unterschiedlichen Bereichen hervorragende Leistungen. Als Vorgesetzte sind sie gerecht und pflegen einen unaufgeregten Führungsstil, brauchen aber manchmal etwas länger, um eine Entscheidung zu fällen.

Waage
23. September – 22. Oktober

Wie man eine Waage GEWINNT und an sich BINDET

Menschen im Sternzeichen Waage wünschen sich, dass ihre Partnerin oder ihr Partner ihnen in Verhalten und Erscheinungsbild ebenbürtig ist. Sie lieben lebhafte Diskussionen und wollen geistig gefordert werden. Einer anziehenden Person, die auch ihre Umgebung attraktiv gestaltet, kann die Waage nicht widerstehen. Wird die Beziehung jedoch zu berechenbar, kann es sein, dass die Waage plötzlich das Weite sucht.

BERÜHMTE WAAGEN

Kate Winslet, Bruce Springsteen,
John Lennon, Catherine Zeta-Jones,
Oscar Wilde, Margaret Thatcher, Will Smith,
Ralph Lauren, Gwyneth Paltrow

„Glück ist, wenn deine Gedanken,
deine Worte und deine Taten
im Einklang sind."

Mahatma Gandhi
Rechtsanwalt, Pazifist, Unabhängigkeitskämpfer, Morallehrer

SKORPION
23. Oktober – 21. November

Skorpion

23. Oktober – 21. November

Lateinischer Name: **SCORPIO**

Herrscherplanet: **PLUTO**

Element: **WASSER**

Qualität: **FIX**

Edelstein: **BERYLL**

Leitspruch: **„ICH BEGEHRE"**

Positive Eigenschaften: entschlossen, treu, leidenschaftlich, fantasievoll

Negative Eigenschaften: eifersüchtig, besitzergreifend, rachsüchtig, obsessiv

Skorpione sind leicht erregbar und neigen zu heftigen Reaktionen. Sie haben einen starken Willen und arbeiten voller Entschlossenheit daran, ihre Ziele zu erreichen. Sie können fürsorgliche Freunde sein, aber auch gnadenlose Feinde, die nie vergessen und vergeben.

Skorpion
23. Oktober – 21. November

Sternbild Skorpion, lateinisch
SCORPIO

Wie sein tierisches Pendant, ist auch das Sternzeichen Skorpion widerstandsfähig und einfallsreich. Er überlebt in feindseligen Umgebungen und unter schwierigen Bedingungen. Hat er sich für etwas entschieden, ist er nur schwer von seinem Weg abzubringen. Skorpione reagieren unbeherrscht auf Verfehlungen und können mit ihren Worten und Taten andere empfindlich treffen.

Herrscherplanet
PLUTO

Als Gott der Totenwelt wacht Pluto über die verborgenen menschlichen Abgründe. Dementsprechend fasziniert ist der Skorpion von allem, was düster, tabubesetzt und rätselhaft ist. Er stürzt sich mit Macht ins Leben, auf der Suche nach Wahrheit, und tritt auch den abschreckenden Seiten der menschlichen Natur und des Lebens furchtlos gegenüber.

Skorpion

23. Oktober – 21. November

Der Skorpion ist ein

WASSER-ZEICHEN

Der wasserbetonte Skorpion ist fantasiebegabt und feinfühlig. Seine stillen Wasser sind tatsächlich tief und bergen viele Geheimnisse. Skorpione haben eine unwiderstehliche, mysteriöse Seite, die gleichzeitig verführerisch und abstoßend sein kann, daher löst ihre Gegenwart zuweilen heftige Reaktionen aus.

Der Skorpion ist ein
FIXES ZEICHEN

Ein Skorpion braucht gleichbleibende Abläufe und hasst plötzliche Veränderungen. Standhaft und willensstark erträgt er schwierige Bedingungen und überwindet Hindernisse. Er kann seine Träume mit großer Entschlossenheit verfolgen und lässt sich von weniger Zielstrebigen nicht ablenken.

Skorpion
23. Oktober – 21. November

Skorpion – bestenfalls

Wenn Sie in Not sind, rufen Sie einen befreundeten Skorpion an! Für seine Freundinnen und Freunde tut ein Skorpion alles, seine absolute Loyalität ist Ihnen sicher. Wenn ein Skorpion einer Person oder Sache verbunden ist, dann ist er das vollkommen. Er macht keine halben Sachen, ganz oder gar nicht, lautet die Devise.

Dank ihrer leidenschaftlichen Art und regen Fantasie sind Skorpione geschätzte Gesellschafter und immer gut für ein bedeutungsvolles Gespräch. Das Leben anderer Leute fasziniert sie, und sie erforschen gerne, was andere antreibt. Viele Skorpione besitzen übersinnliche Fähigkeiten und beschäftigen sich mit Okkultismus und Psychologie. Sie sind aufrichtig und fürsorglich und können in schwierigen Situationen sehr viel Feingefühl beweisen.

Skorpion – schlimmstenfalls

Skorpione können inbrünstig hassen und unerbittlich auf Rache sinnen, wenn sie sich schlecht behandelt fühlen. Mit harschen Worten und groben Taten offenbaren sie sich als unbarmherzige Feinde. Ihr starker Wille ist kontraproduktiv, wenn sie eine eigentlich unnötige Sache stur weiterverfolgen. Ihr Bedürfnis, Dinge über andere Personen herauszufinden, kann zu übergriffigem Verhalten führen.

Mit ihrer Tendenz, sich in Dinge hineinzusteigern, schaden Skorpione vor allem auch sich selbst. Sie haben eine selbstzerstörerische Ader und schrecken nicht davor zurück, ihre dunkle Seite zu zeigen. Das führt manchmal zu einer etwas morbiden Grundhaltung. Skorpione verfügen über eine starke Präsenz – wenn sie schlechte Laune haben, wird das niemandem in ihrer Umgebung entgehen.

Skorpion
23. Oktober – 21. November

Der Skorpion und
DIE LIEBE

Skorpione lieben voller Leidenschaft und Hingabe. Sie geben sich ganz in die Hände der geliebten Person und teilen die guten wie die schlechten Seiten des Lebens mit ihr. Vom Bedürfnis nach tiefen, bedeutungsvollen Beziehungen angetrieben, verschwenden sie ihre Zeit nicht mit Bindungsunwilligen. Fühlt sich der Skorpion getäuscht, beendet er die Beziehung mit dramatischer Wucht.

Der Skorpion
IM BERUF

Skorpione arbeiten zuverlässig und können sich hervorragend konzentrieren. Sie sind sehr engagiert, tun manchmal mehr, als von ihnen erwartet wird, und investieren viel Energie in ihre Projekte. Sie sind hilfsbereit und teilen ihre kreativen Ideen gerne mit. Als Führungsperson ist der Skorpion umsichtig, erwartet aber von seinen Untergebenen harte Arbeit und rückhaltloses Engagement.

Skorpion
23. Oktober – 21. November

Wie man einen Skorpion
GEWINNT
und an sich BINDET

Wenn Sie einen Skorpion für sich gewinnen möchten, zeigen Sie Ihr wahres Gesicht, denn unaufrichtige Personen durchschaut er sofort. Skorpione fühlen sich von charakterlicher Tiefe sowie aufrichtigen Worten und Taten angezogen. Routine gibt ihnen Sicherheit, und sie verbringen ihre Zeit gerne mit ähnlich leidenschaftlichen Menschen.

BERÜHMTE SKORPIONE

Julia Roberts, Whoopi Goldberg,
Hillary Clinton, Bill Gates, Pablo Picasso,
Leonardo DiCaprio, Anne Hathaway,
Katy Perry, Matthew McConaughey

„Das Problem besteht nicht darin,
die Antwort zu finden,
sondern sich ihr zu stellen."

Terence McKenna
Autor, Sprachwissenschaftler, Ethnopharmakologe,
Bewusstseinsforscher

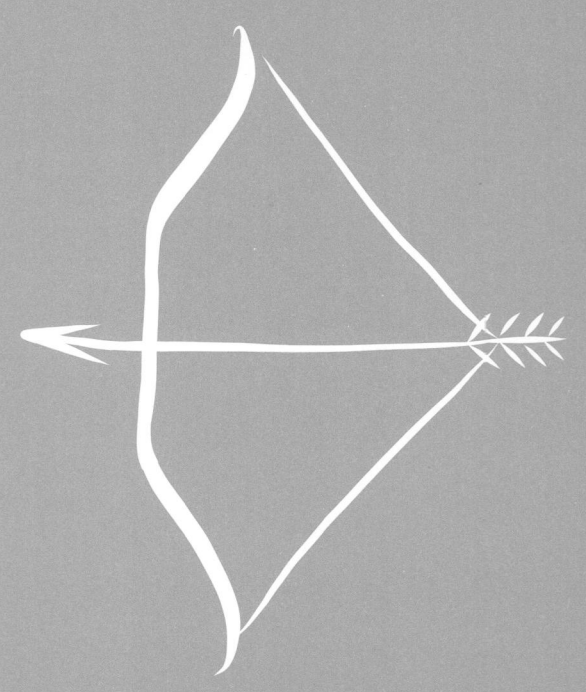

SCHÜTZE
22. November – 21. Dezember

Schütze
22. November – 21. Dezember

Lateinischer Name: **SAGITTARIUS**

Herrscherplanet: **JUPITER**

Element: **FEUER**

Qualität: **VERÄNDERLICH**

Edelstein: **CITRIN**

Leitspruch: **„ICH PHILOSOPHIERE"**

Positive Eigenschaften: abenteuerlustig, lebensfroh, optimistisch, aufgeschlossen

Negative Eigenschaften: unstet, zögernd, taktlos, unzuverlässig

Der Schütze ist ein aufregendes und überschwängliches Sternzeichen. Voller Enthusiasmus und mit viel Humor prescht er nach vorne. Seine Abenteuerlust macht ihn zu einem interessanten Begleiter, aber manchmal kann er seine Versprechen nicht einhalten.

Schütze
22. November – 21. Dezember

Sternbild Schütze, lateinisch
SAGITTARIUS

Der Schütze ist energiegeladen und dynamisch. Halb Mann, halb Pferd, verfügt er über viel männliche Energie, die in der Bewegung und bei Herausforderungen zur Geltung kommt. Diesem Sternzeichen wohnt eine starke Freiheitsliebe inne – Begrenzungen und Einschränkungen sind dem Schützen zuwider.

Herrscherplanet
JUPITER

Der Jupiter ist der Planet des Glücks und der Güte. In der römischen Mythologie war Jupiter bzw. Jovis die oberste Gottheit. Er war im Allgemeinen ein heiterer und großzügiger Herrscher, konnte aber gnadenlos sein, wenn man ihn verärgert hatte. Dementsprechend sind Schützen zwar freundlich und unbekümmert, besitzen aber auch ein beeindruckendes Temperament.

Schütze

22. November – 21. Dezember

Der Schütze ist ein

FEUER-
ZEICHEN

Der Schütze fühlt den Drang, kreativ zu sein und Abenteuer zu erleben. Von der Energie seines hitzigen Gemüts angetrieben, erkundet er furchtlos die Welt und spornt die Menschen in seinem Umfeld an. Ist das Feuer jedoch niedergebrannt, verliert der Schütze seinen Enthusiasmus und überlässt Projekte und Menschen sich selbst.

Der Schütze ist ein
VERÄNDERLICHES ZEICHEN

Das Prinzip der Veränderung macht Schützen freundlich, hilfsbereit und mitteilsam. Sie diskutieren gerne und benötigen die Flexibilität und den Freiraum, von einem Thema zum nächsten zu wechseln sowie ihre zum Teil unkonventionellen Ansichten frei äußern zu können. Zwar mögen sie den Kontakt zu vielen verschiedenen Menschen, bauen aber keine tiefgreifenden Bindungen auf.

Schütze
22. November – 21. Dezember

Schütze – bestenfalls

Mit einem Schützen befreundet zu sein und Abenteuer zu erleben, ist eine spannende Sache. Er weiß, wie man genießt, und kann es manchmal auch übertreiben. Die ganze Welt ist sein Zuhause, und mit ihm auf Reisen zu gehen, ist ein Gewinn. Schützen fällt es leicht, sich auf fremde Kulturen einzulassen, und sie verstehen sich darauf, ihre Eskapaden später in unterhaltsame Geschichten zu verpacken.

Mit seinem Glücksplaneten Jupiter ist der Schütze ein glückliches Sternzeichen. Jupiter verleiht ihm eine wunderbare Sorglosigkeit, er ist herzensgut und vorurteilsfrei. Lebenslanges Lernen ist dem wissbegierigen Schützen eine Freude, und er ist ein begabter Lehrer. Er kann bezaubernd und witzig sein und einen ganzen Raum mit seinem sprühenden Charme unterhalten.

Schütze – schlimmstenfalls

Im Sternzeichen Schütze Geborene lieben es zu diskutieren, sind aber manchmal allzu streitlustig und tun anhaltend ihre Meinung kund, obwohl die anderen längst das Interesse verloren haben. Wenn ihre antagonistische Seite die Oberhand gewinnt, beschwören sie ohne Not eine Auseinandersetzung herauf. Manchmal sind sie anmaßend und respektlos und verärgern andere mit ihrer Taktlosigkeit.

Fehlt dem Schützen ein festes Ziel, kann er rastlos und fahrig werden, weil er nicht weiß, wohin mit all seiner Energie. Das fördert Prokrastination und die Tendenz, Verpflichtungen nicht nachzukommen. In der Überzeugung, dass es woanders immer besser ist, durchstreift der Schütze dann ziellos die Welt.

Schütze
22. November – 21. Dezember

Der Schütze und
DIE LIEBE

Liebende im Sternzeichen Schütze sind großzügig und lebensfroh und leidenschaftliche Beziehungspartner. Der oder die Auserkorene wird mit Aufmerksamkeit überschüttet und angebetet. Jemanden, der voreingenommen ist oder ihn bevormunden will, duldet der Schütze nicht. Er braucht Freiheit. Wird er in einer Beziehung unruhig, beendet er sie abrupt.

Der Schütze
IM BERUF

In einem anregenden Arbeitsumfeld, wo er auf verschiedene Menschen trifft, seinen scharfen Verstand nutzen und im Idealfall sogar reisen kann, blüht der Schütze auf. Monotonie und immer am selben Ort zu sein, ist für ihn erdrückend und beeinträchtigt seine Leistungsfähigkeit. In Führungspositionen ist der Schütze großzügig und spornt andere an, verliert aber leicht die Geduld mit denen, die langsamer, weniger aktiv oder weniger anpassungsfähig sind als er selbst.

Schütze
22. November – 21. Dezember

Wie man einen Schützen
GEWINNT
und an sich BINDET

Der Schütze fühlt sich von Personen angezogen, die lustig, energiegeladen und unabhängig sind. Er wünscht sich jemanden, mit dem er Abenteuer erleben kann und der das Leben so leicht nimmt wie er. Launenhaftigkeit oder eine zu enge Bindung sind seine Sache nicht, aber mit freiem Geist und offenem Herzen können Sie seine Zuneigung erlangen.

BERÜHMTE SCHÜTZEN

Brad Pitt, Katie Holmes, Bruce Lee,
Taylor Swift, Ozzy Osbourne, Frank Sinatra,
Winston Churchill, Woody Allen,
Scarlett Johansson

„Reisen ist tödlich für Vorurteile,
Bigotterie und Engstirnigkeit,
und viele Menschen haben es gerade
aus diesem Grund bitter nötig."

Mark Twain
Schriftsteller, Verleger, Vortragsreisender

STEINBOCK

22. Dezember – 19. Januar

♑

Steinbock
22. Dezember – 19. Januar

Lateinischer Name: **CAPRICORN**

Herrscherplanet: **SATURN**

Element: **ERDE**

Qualität: **KARDINAL**

Edelstein: **RUBIN**

Leitspruch: **„ICH BEHERRSCHE"**

Positive Eigenschaften: erfinderisch, fleißig, verantwortungsvoll, pragmatisch

Negative Eigenschaften: rechthaberisch, pessimistisch, zynisch, selbstgefällig

Der Steinbock ist ein entschlossenes Sternzeichen und hat sein Ziel klar vor Augen. Seine Leistungsbereitschaft und seine strategische Vorgehensweise sind bewundernswert, allerdings kann er manchmal herrschsüchtig sein.

Steinbock
22. Dezember – 19. Januar

Sternbild Steinbock, lateinisch
CAPRICORN

Das Sternzeichen Steinbock wird als Fabelwesen dargestellt, mit dem Oberkörper einer Ziege und dem Unterleib eines Fisches. Entschlossen und trittsicher strebt der Steinbock seinem Ziel entgegen, überwindet Hindernisse und lässt sich nicht vom Weg abbringen. Wenn nötig, kann er sich auch anpassen und wie ein Fisch tief ins Wasser eintauchen.

Herrscherplanet
SATURN

Der Saturn ist der Planet der strengen Lektionen, der Kontrolle und der Dauer. Die Saturnenergie diszipliniert den Steinbock und zwingt ihn, sich seine Erfolge im Leben hart zu erarbeiten. Der Saturn verleiht ihm aber auch schon in jungen Jahren Reife und Klugheit sowie die Fähigkeit, langfristig zu planen.

Steinbock

22. Dezember – 19. Januar

Der Steinbock ist ein ERD-ZEICHEN

Das Element Erde verleiht dem Steinbock Stabilität. Er geht das Leben planvoll und systematisch an und ist praktisch veranlagt. Steinböcke genießen die sinnlichen, irdischen Freuden und die schönen Dinge im Leben. Als Erdzeichen streben sie instinktiv danach, Besitztümer anzuhäufen und finanzielle Sicherheit zu erlangen.

Der Steinbock ist ein
KARDINAL-ZEICHEN

Steinböcke gehen mit gutem Beispiel voran. In ihrer Vorbildfunktion motivieren sie andere, ebenso fleißig und klaglos zu arbeiten. Als Kardinalzeichen drängt es sie, in Aktion zu treten und Dinge zu verwirklichen. Steinböcke sind effektive Strategiker und setzen sich hohe Ziele. In der Führungsrolle können sie jedoch unerbittlich und egoistisch sein, um voranzukommen.

Steinbock
22. Dezember – 19. Januar

Steinbock – bestenfalls

Steinböcke haben einen trockenen Humor und können ziemlich lustig sein, wie der Hirtengott Pan, der mit diesem Sternzeichen assoziiert wird. Das macht sie zu angenehmen Zeitgenossen, mit denen man anregende Gespräche führen kann. Sie haben ein gutes Gespür für Stil, achten auf ein gepflegtes Äußeres und bevorzugen qualitativ hochwertige Kleidung.

Steinböcke stehen für sich selbst ein und achten sehr auf ihre Unabhängigkeit. Sie sind gütig und liebenswürdig, kümmern sich um andere und sind ihrer Familie gegenüber sehr loyal und großzügig. Man kann sich darauf verlassen, dass sie umfassend Hilfe leisten, wenn andere in Not sind, und ihren Reichtum und Besitz teilen sie freigiebig.

Steinbock – schlimmstenfalls

Manchmal können Steinböcke herrschsüchtig und egozentrisch sein und ihre Anliegen über alles andere stellen. Entschlossen verfolgen sie ihre Ziele und übergehen dabei andere Menschen. Ihr Erfolgsdrang kann zur stärksten treibenden Kraft werden, wodurch anderen Lebensbereichen zu wenig Aufmerksamkeit geschenkt wird. Bei Personen, die ihre Einstellung nicht teilen, reißt ihnen schnell der Geduldsfaden.

    Bisweilen sind Steinböcke eitel und sehr auf ihre Außenwirkung bedacht. Sie können opportunistisch sein und sich in Kreise mogeln, von denen sie sich etwas versprechen. Manchmal sind sie fantasielos, bis zur Stumpfsinnigkeit realistisch und führen ein monotones Leben, in dem sich alles um Arbeit und Erfolg dreht. Das Schlimmste an Steinböcken ist ihre Unzuverlässigkeit.

Steinbock

22. Dezember – 19. Januar

Der Steinbock und
DIE LIEBE

Wenn sich ein Steinbock verliebt, tut er das voller Inbrunst. Er ist hingebungsvoll und treu und erfreut sich daran, den Partner oder die Partnerin mit dem Allerbesten zu verwöhnen. Kurze Affären interessieren Steinböcke nicht, sie ziehen langfristige, feste Beziehungen vor. Sie können allerdings recht eifersüchtig und besitzergreifend sein und wachen mit Argusaugen über die geliebte Person. Häufig ist diese ein paar Jahre älter als sie selbst.

Der Steinbock
IM BERUF

Steinböcke sind verlässliche, pflichtbewusste Kolleginnen und Kollegen, die häufig mehr Verantwortung übernehmen als nötig. Sie führen bei Projekten gerne Regie und sind in der Teamleitung gut aufgehoben. Sie brauchen Spielräume, um Entscheidungen zu treffen und Strategien zu entwerfen. Als Vorgesetzte zeichnen sich Steinböcke durch klare Gedankenführung, Anstand und Gerechtigkeit aus, sind aber streng.

Steinbock

22. Dezember – 19. Januar

Wie man einen Steinbock **GEWINNT** und an sich **BINDET**

Schickliches Benehmen und ein respektables Erscheinungsbild sind hilfreich, um das Interesse eines Steinbocks zu wecken. Er braucht jemanden an seiner Seite, der ihn mit Stolz erfüllt und ergänzt. Trägheit und Schlampigkeit duldet der Steinbock nicht, aber solange Sie seinen hohen Ansprüchen genügen, ist er Ihnen treu ergeben.

BERÜHMTE STEINBÖCKE

Michelle Obama, Mel Gibson,
Jim Carrey, Denzel Washington,
Catherine „Kate" Middleton, Mary J. Blige,
Ricky Martin, Diane Keaton, Muhammad Ali

„Wie schwierig das Leben auch
erscheinen mag: Es gibt immer etwas,
was ihr tun und worin ihr
erfolgreich sein könnt."

Stephen Hawking
Theoretischer Physiker, Kosmologe, Autor

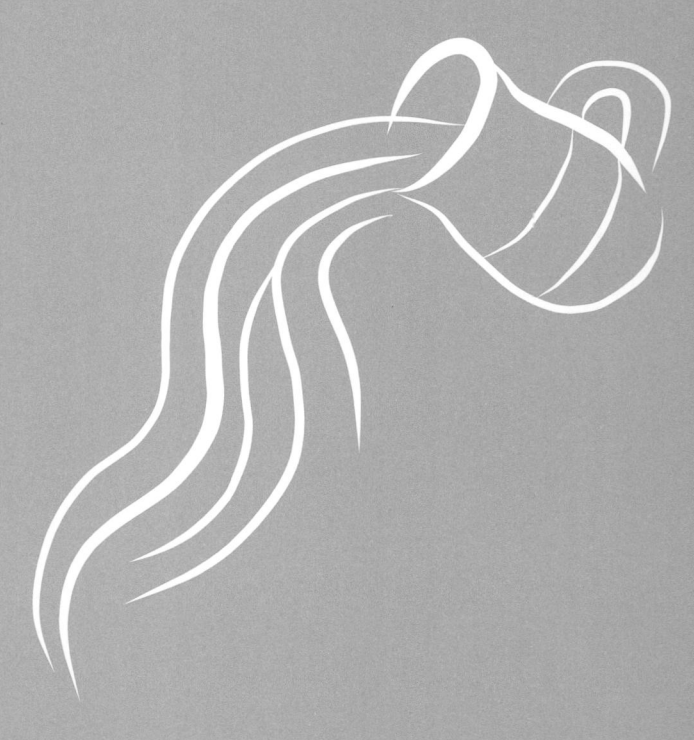

WASSERMANN

20. Januar – 18. Februar

Wassermann

20. Januar – 18. Februar

Lateinischer Name: **AQUARIUS**

Herrscherplanet: **URANUS**

Element: **LUFT**

Qualität: **FIX**

Edelstein: **GRANAT**

Leitspruch: **„ICH WEISS"**

Positive Eigenschaften: wohlwollend, menschenfreundlich, erfinderisch, vielseitig

Negative Eigenschaften: eigensinnig, aufsässig, unnahbar, rechthaberisch

Wassermänner haben beste Absichten und stehen zu ihren Prinzipien. Sie haben eine genaue Vorstellung davon, wie die Welt sein sollte, neigen aber zu Idealismus und können verstockt sein.

Wassermann

20. Januar – 18. Februar

Sternbild Wassermann, lateinisch
AQUARIUS

Auf der bildlichen Darstellung dieses Sternzeichens ist ein großer Krug zu sehen, dessen Inhalt sich auf den Boden ergießt. Dies symbolisiert ein Freisetzen von Wissen durch die Luft zur Erde hinab. Wassermänner sind wissensdurstig und möchten ihre Erkenntnisse zum Wohle aller mit anderen teilen.

Herrscherplanet
URANUS

Uranus ist der Freiheitskämpfer und Rebell, da er sich andersherum dreht als die anderen Planeten unseres Sonnensystems. Er kann plötzliche, unerwartete Ereignisse bewirken und uns zwingen, aus unserem vertrauten Alltag auszubrechen. Der von ihm beherrschte Wassermann hat oft eine andere Sicht der Dinge, begeistert sich für Neuerungen und ausgefallene Herangehensweisen.

Wassermann

20. Januar – 18. Februar

Der Wassermann ist ein
LUFT-
ZEICHEN

Der luftbetonte Wassermann widmet sich der Kommunikation und dem Intellekt. Er hat ein ausgeprägtes Bedürfnis, seine – bisweilen unkonventionelle – Meinung kundzutun. Wassermänner leben im Reich der Ideen und Theorien. Sie interessieren sich für ein umfangreiches Spektrum an Themen und Menschentypen.

Der Wassermann ist ein
FIXES
ZEICHEN

Die fixe Qualität des Wassermanns zeigt sich darin, dass er beharrlich an seinen Ansichten festhält. Er hat starke Überzeugungen, die er leidenschaftlich vertritt. Es kann eine Weile dauern, bis er sich auf eine Sache festlegt, aber dann ist er ihr unverbrüchlich verpflichtet. Er lässt sich nicht leicht umstimmen oder beeinflussen und kann sehr stur sein.

Wassermann
20. Januar – 18. Februar

Wassermann – bestenfalls

Wassermänner sind kontaktfreudig und schätzen einen großen, vielfältigen Freundeskreis. Sie sind hilfsbereit und loyal und verteidigen bereitwillig jene, die sie in irgendeiner Weise für verwundbar oder gefährdet halten. Man verbringt gerne Zeit mit ihnen und lässt sich von ihren breit gefächerten Interessen unterhalten und beflügeln. Mit ihrer optimistischen Lebenseinstellung spenden sie anderen Menschen in schweren Zeiten Hoffnung.

Diesem Sternzeichen wohnt der tiefsitzende Wunsch inne, Gutes zu tun und Menschen zusammenzubringen. Wassermänner engagieren sich in ihrer Gemeinde und in Gruppenprojekten. Sie sind aufgeweckt und stellen sich mit Vergnügen geistigen Herausforderungen. Sie sind einfallsreich und kreativ und besitzen das Talent, Dinge zu sehen, die anderen entgehen.

Wassermann – schlimmstenfalls

Wassermänner haben eine störrische Seite, die sich sehr kontraproduktiv auswirken kann. Manchmal halten sie so verbissen an einem Standpunkt fest, dass nichts und niemand sie von ihrer Meinung abbringen kann. Wenn ihre rebellische Ader überhandnimmt, verhöhnen sie die Obrigkeit, ohne groß darüber nachzudenken. Ihr exzentrisches Wesen ist für andere manchmal schwer zu verstehen.

Dem Wassermann fällt es schwer, seine Emotionen wahrzunehmen und zu zeigen, dadurch wirkt er zum Teil gleichgültig und gefühllos. Er lässt sich eher von seinem Verstand als von seinen Gefühlen leiten. Manchmal ist er distanziert und erscheint abwesend und gedankenverloren. Wassermänner können tyrannisch und streitsüchtig sein, wenn andere nicht mit ihrem Standpunkt übereinstimmen.

Wassermann
20. Januar – 18. Februar

Der Wassermann und
DIE LIEBE

Der unabhängige Wassermann benötigt reichlich Freiraum in einer Beziehung und zieht häufig eine gute Freundschaft einer Liebesbeziehung vor. Er kann zwar liebevoll, zärtlich und treu sein, findet es aber schwierig, sich längere Zeit auf eine Person festzulegen. Das Weiterziehen zum nächsten Projekt oder zur nächsten Person fällt ihm leicht.

Der Wassermann
IM BERUF

Der Wassermann ist einfallsreich und technisch versiert. Seine ausgeprägte Bereitschaft zum Ideenaustausch wirkt sich im Arbeitsumfeld sehr positiv aus, und seine Beiträge sind stets gut durchdacht. Zu seinen Angestellten ist der Wassermann gerecht, und er beachtet gewissenhaft ihre Interessen. Allerdings legt er sich nicht so gerne fest und kann ausweichend sein.

Wassermann

20. Januar – 18. Februar

Wie man einen Wassermann GEWINNT und an sich BINDET

Wassermänner fühlen sich von intelligenten, taktvollen Menschen angezogen, die ihre humanistische Einstellung teilen. Sie möchten um ihrer selbst willen akzeptiert werden und brauchen absolute Freiheit. Mit überholten Ansichten können sie nichts anfangen. Die Person, bei der sie bleiben, muss sich für andere Menschen, die Erde und die Zukunft interessieren.

BERÜHMTE WASSERMÄNNER

Oprah Winfrey, Jennifer Aniston,
Michael Jordan, Ed Sheeran, Christian Bale,
Alicia Keys, Justin Timberlake, Harry Styles,
Ashton Kutcher

„Ich habe nur einen großen Wunsch, eine Sache würde ich wirklich gerne sehen: Ich wünsche mir, dass alle Menschen – Schwarze, Weiße, Chinesen, alle – miteinander leben."

Bob Marley
Sänger, Songwriter, Musiker

FISCHE

19. Februar – 20. März

Fische
19. Februar – 20. März

Lateinischer Name: PISCES

Herrscherplanet: NEPTUN

Element: WASSER

Qualität: VERÄNDERLICH

Edelstein: AMETHYST

Leitspruch: „ICH GLAUBE"

Positive Eigenschaften: mitfühlend, fantasievoll, anpassungsfähig, kreativ

Negative Eigenschaften: unentschlossen, leicht beeinflussbar, wahnhaft, launisch

Fische sind freundlich und sensibel und denken immer zuerst an ihre Mitmenschen. Sie sind unbekümmert und tolerant, schaden sich aber manchmal dadurch selbst. Sie sind extrem intuitiv.

Fische
19. Februar – 20. März

Sternbild Fische, lateinisch
PISCES

Dieses Sternzeichen wird durch zwei Fische dargestellt, die miteinander verbunden sind und in verschiedene Richtungen schwimmen – ein Symbol für Veränderlichkeit. Sie können sich anpassen, finden es aber manchmal schwer zu entscheiden, wie sie sich verändern sollen, um in eine neue Umgebung zu passen. Fische sind schwer zu greifen und können sich aus unangenehmen Situationen herausmanövrieren.

Herrscherplanet
NEPTUN

Die Energie des römischen Meeresgottes Neptun ist grenzenlos und mächtig wie der tiefe, rätselhafte Ozean. Neptun verleiht den Fischen starke Emotionen, die abebben oder anschwellen und manchmal auch überwältigen können. Er steht außerdem für das Unbewusste, das mit seinen Geheimnissen eine große Faszination auf Fische ausübt.

Fische

19. Februar – 20. März

Die Fische sind ein

WASSER-ZEICHEN

Das Element Wasser verleiht den Fischen Einfühlungsvermögen und Sanftmut. Fische sind Träumer, die sich in Musik, Poesie und Fantasiewelten verlieren. Ihre Vorstellungskraft beherrscht sie so sehr, dass sie manchmal den Bezug zur Realität verlieren. Sie besitzen übersinnliche Fähigkeiten und sind sehr empathisch.

Die Fische sind ein
VERÄNDERLICHES ZEICHEN

Die veränderliche Qualität macht Fische liebenswürdig und ausdrucksstark. Sie wechseln von einem Gedanken oder Traum zum nächsten, ohne sich festzulegen. Wie ein Chamäleon können Fische sich an ihre Umgebung anpassen und sich auf andere Menschen einstellen – bis zur Unkenntlichkeit.

Fische
19. Februar – 20. März

Fische – bestenfalls

Das freundliche, teilnahmsvolle Wesen der Fische macht sie zu fürsorglichen und verständnisvollen Personen. Sie mögen Gespräche, bei denen sie ihre Gedanken einbringen und die Ideen anderer voranbringen können. Sie sind kreativ, künstlerisch begabt und erkennen intuitiv, was funktioniert. Menschen in Not helfen sie bereitwillig und voller Mitgefühl.

Durch ihr ausgeprägtes Bauchgefühl können sie sensibel auf Situationen reagieren und angemessen helfen. Sie interessieren sich für Mystik und Spiritualität und wünschen sich aufrichtig, den Gedanken des Humanismus zu verbreiten. Ihre Freundinnen und Freunde wählen sie sorgfältig aus und pflegen tiefe und ernsthafte Beziehungen zu ihnen. Beeindruckend an Fischen ist vor allem, dass sie andere nicht verurteilen oder fallen lassen. Sie sind nie überheblich und haben Verständnis für die Schwächen anderer.

Fische – schlimmstenfalls

Fische können sich vom Gewicht der Welt so erdrückt fühlen, dass sie sich vollkommen zurückziehen. Dann flüchten sie und verstecken sich, bemitleiden sich selbst und werden melancholisch. Wenn sie von ihren starken Gefühlen überwältigt werden, können Fische selbstzerstörerisch und wahnhaft werden und den Bezug zur Wirklichkeit verlieren. Dadurch fällt es ihnen schwer, im Alltag zu funktionieren.

Fische sind schlüpfrig und schwer zu greifen und daher für andere oft schwer zu verstehen. Sie finden es schwierig, ihre Gefühle auszudrücken, und isolieren sich. Sie können träge und unverbindlich sein und ihre Mitmenschen täuschen. Ihnen fehlt ein starkes Identitätsgefühl, oft sind sie launisch und wechselhaft. Das macht es manchmal schwierig, eine Beziehung zu ihnen aufzubauen.

Fische

19. Februar – 20. März

Die Fische und
DIE LIEBE

Fische sind zutiefst romantisch und mögen es, in ihrer Liebesbeziehung Fantasien entwickeln und ausleben zu können. Es ist ihnen ein großes Bedürfnis, ihre Emotionen frei zu äußern und in die Seele der geliebten Person blicken zu können, macht sie glücklich. Fühlen sie sich jedoch unter Druck gesetzt, winden sie sich und scheuen jede Verbindlichkeit.

Die Fische
IM BERUF

Fische sind mitunter Träumer – auch am Arbeitsplatz. Sie sind nett und hilfsbereit und fördern jene, die über weniger Selbstvertrauen verfügen. Sie sprühen nur so vor Ideen und sind erstaunlich kreativ, manchmal aber unrealistisch. Als Vorgesetzte kümmern sie sich gut um ihre Angestellten, und im Kunstbereich sind sie ein Quell der Inspiration. Entscheidungsfreudig sind sie meistens nicht.

Fische

19. Februar – 20. März

Wie man Fische GEWINNT und an sich BINDET

Um die Aufmerksamkeit einer Person zu wecken, die im Sternzeichen Fische geboren ist, müssen Sie ihre Fantasie ansprechen – durch Kleidung, Verhalten oder Worte. Gewöhnliche Menschen und graue Alltagsroutinen mögen Fische nicht, und sie brauchen offene Kommunikation. Freundlichkeit und Romantik zieht sie an.

BERÜHMTE FISCHE

Daniel Craig, Rihanna, Eva Mendes,
Elizabeth Taylor, Steve Jobs, Justin Bieber,
Drew Barrymore, Bruce Willis, Jon Bon Jovi

„Fantasie ist wichtiger als Wissen,
denn Wissen ist begrenzt."

Albert Einstein
Theoretischer Physiker

KOMPATIBLE
und
INKOMPATIBLE STERNZEICHEN

Während die Menschen, mit denen wir durch Freundschaft oder Liebesbeziehungen verbunden sind, sich in der Regel auf zwei oder drei Sternzeichen verteilen, kommen wir mit anderen Sternzeichen oft nicht so gut aus. So hätte ein Luftzeichen wie die Zwillinge seine Schwierigkeiten, die kunstaffinen und intuitiven Fische zu verstehen. Dieses Kapitel zeigt, mit welchen Sternzeichen Sie in Liebesdingen oder auch als Nachbarinnen und Nachbarn harmonieren und in wessen Gesellschaft Sie sich in den meisten Situationen einigermaßen wohl fühlen. Der Tabelle am Ende dieses Kapitels können Sie außerdem entnehmen, mit welchen Sternzeichen Sie sich schwertun. Sie liefert eine Erklärung für das frustrierende Phänomen, dass es Menschen gibt, die mit Personen, die Sie absolut unmöglich finden, prima klarzukommen scheinen. Aber bitte beachten Sie, dass wir hier nur die Grundlagen der Astrologie behandeln und kein umfassendes Geburtshoroskop erstellen können.

STERNZEICHEN und ELEMENTE

Jedes Sternzeichen wird einem der vier Elemente – Feuer, Erde, Luft, Wasser – zugeordnet. Die Darstellung auf Seite 174 zeigt die Zusammenhänge auf. Das erste Zeichen, Widder, befindet sich links, ungefähr auf der 9-Uhr-Position. Der Widder ist ein Feuerzeichen. Das (gegen den Uhrzeigersinn) nächste Zeichen ist der Stier, ein Erdzeichen, gefolgt von dem Luftzeichen Zwillinge und dem Wasserzeichen Krebs. Nun beginnt das System wieder von vorne, in gleicher Reihenfolge, mit den nächsten vier Zeichen, und wiederholt sich noch ein weiteres Mal.

Wer sich schon etwas mit Astrologie auskennt, wird wissen, dass die Tierkreiszeichen noch andere Verbindungen untereinander aufweisen, aber zur Klärung dieser Zusammenhänge müssen wir auf weiterführende Literatur verweisen.

WIDDER

21. März – 19. April

Als Feuerzeichen ist der Widder mit den anderen Feuerzeichen Löwe und Schütze kompatibel, kommt aber auch gut mit den Luftzeichen Zwillinge, Waage und Wassermann zurecht. Die Waage befindet sich im Tierkreis dem Widder direkt gegenüber, und in Freund- oder Liebschaften funktioniert diese Kombination häufig sehr gut. Die geringste Kompatibilität mit dem Widder weisen die Erdzeichen Stier, Jungfrau und Steinbock sowie die Wasserzeichen Krebs, Skorpion und Fische auf.

STIER

20. April – 20. Mai

Das Erdzeichen Stier harmoniert mit den anderen beiden Erdzeichen Jungfrau und Steinbock. Stiere vertragen sich ebenfalls gut mit den Wasserzeichen Krebs, Skorpion und Fische, und manchmal fühlen sie sich zum Skorpion hingezogen, dem gegenüberliegenden Zeichen im Tierkreis. Mit den Feuerzeichen Widder, Löwe und Schütze tun sie sich schwer, und auch die Luftzeichen Zwillinge, Waage und Wassermann empfinden sie als irritierend.

ZWILLINGE

21. Mai – 20. Juni

Die Zwillinge fühlen sich als Luftzeichen mit den anderen Luftzeichen Waage und Wassermann wohl, aber auch mit den Feuerzeichen Widder, Löwe und Schütze. Da der Schütze sich auf der gegenüberliegenden Seite des Kreises befindet, können Zwillinge eine glückliche Beziehung mit ihm führen. Schwierig wird es hingegen mit den Erdzeichen Stier, Jungfrau und Steinbock sowie mit den Wasserzeichen Krebs, Skorpion und Fische.

KREBS

21. Juni – 22. Juli

Der Krebs, ein Wasserzeichen, harmoniert mit den anderen Wasserzeichen Skorpion und Fische und verträgt sich gut mit den Erdzeichen Stier, Jungfrau und Steinbock. Mit dem Steinbock, der ihm im Tierkreis direkt gegenübersteht, fühlt er sich unter Umständen sehr wohl – eine interessante Kombination. Als problematisch erweisen sich für den Krebs die Feuerzeichen Widder, Löwe und Schütze, aber auch die Luftzeichen Zwillinge, Waage und Wassermann.

LÖWE

23. Juli – 22. August

Als Feuerzeichen verträgt sich der Löwe besonders mit den anderen Feuerzeichen Widder und Schütze, kommt aber auch gut mit den Luftzeichen Zwillinge, Waage und Wassermann aus. Löwe und Wassermann stehen einander im Tierkreis gegenüber und sind daher eine aufregende und gelungene Kombination. Mit den Erdzeichen Stier, Jungfrau und Steinbock sowie den Wasserzeichen Krebs, Skorpion und Fische tut sich der Löwe hingegen schwer.

JUNGFRAU

23. August – 22. September

Die Jungfrau ist ein Erdzeichen und harmoniert entsprechend gut mit den anderen Erdzeichen Stier und Steinbock, aber auch mit den Wasserzeichen Krebs, Skorpion und Fische. Da sich die Fische im Tierkreis gegenüber der Jungfrau befinden, ist eine Partnerschaft zwischen den beiden vielversprechend. Für Irritationen sorgen die Feuerzeichen Widder, Löwe und Schütze, ebenso die Luftzeichen Zwillinge, Waage und Wassermann.

WAAGE

23. September – 22. Oktober

Das Luftzeichen Waage ist kompatibel mit den anderen Luftzeichen Zwillinge und Wassermann und verträgt sich auch gut mit den Feuerzeichen Widder, Löwe und Schütze. Waage und Widder stehen sich im Tierkreis gegenüber und sind daher eine gute Kombination. Weniger gut ist die Verträglichkeit mit den Erdzeichen Stier, Jungfrau und Steinbock sowie den Wasserzeichen Krebs, Skorpion und Fische.

SKORPION

23. Oktober – 21. November

Der Skorpion, ein Wasserzeichen, fühlt sich mit den anderen Wasserzeichen Krebs und Fische wohl und versteht sich gut mit den Erdzeichen Stier, Jungfrau und Steinbock. Da der Stier dem Skorpion im Tierkreis gegenübersteht, passen die beiden hervorragend zusammen. Die Feuerzeichen Widder, Löwe und Schütze sind aber, genauso wie die Luftzeichen Zwillinge, Waage und Wassermann, keine gute Kombination.

SCHÜTZE

22. November – 21. Dezember

Als Feuerzeichen verträgt sich der Schütze gut mit den anderen Feuerzeichen Widder und Löwe und kommt gut mit den Luftzeichen Zwillinge, Waage und Wassermann aus. Die ihm im Tierkreis gegenüberstehenden Zwillinge erweisen sich häufig als passende Partner. Eine Verbindung mit den Erdzeichen Stier, Jungfrau und Steinbock sowie mit den Wasserzeichen Krebs, Skorpion und Fische ist jedoch eher problematisch.

STEINBOCK

22. Dezember – 19. Januar

Steinbock, ein Erdzeichen, ist nicht nur mit den anderen Erdzeichen Stier und Jungfrau kompatibel, sondern auch mit den Wasserzeichen Krebs, Skorpion und Fische. Der Krebs befindet sich auf der gegenüberliegenden Seite im Tierkreis und passt daher gut zum Steinbock. Schwierig ist hingegen das Verhältnis zu den Feuerzeichen Widder, Löwe und Schütze sowie zu den Luftzeichen Zwillinge, Waage und Wassermann.

WASSERMANN

20. Januar – 18. Februar

Das Luftzeichen Wassermann harmoniert mit den anderen Luftzeichen Zwillinge und Waage, aber auch mit den Feuerzeichen Widder, Löwe und Schütze. Wassermann und Löwe stehen einander im Tierkreis gegenüber, sodass eine Beziehung zwischen ihnen gut funktionieren kann. Bei den Erdzeichen Stier, Jungfrau und Steinbock sowie den Wasserzeichen Krebs, Skorpion und Fische stößt der Wassermann jedoch rasch an seine Grenzen.

FISCHE

19. Februar – 20. März

Die Fische sind als Wasserzeichen kompatibel mit den anderen Wasserzeichen Krebs und Skorpion sowie mit den Erdzeichen Stier, Jungfrau und Steinbock. Mit der ihnen im Tierkreis gegenüberliegenden Jungfrau können die Fische eine gelungene Partnerschaft eingehen. Mit den Feuerzeichen Widder, Löwe und Schütze und den Luftzeichen Zwillinge, Waage und Wassermann tun sich die Fische hingegen schwer.

Kompatibilitätstabelle

	WIDDER	STIER	ZWILLINGE	KREBS	LÖWE	JUNGFRAU
WIDDER	★	✘	●	✘	★	✘
STIER	✘	★	✘	●	✘	★
ZWILLINGE	●	✘	★	✘	●	✘
KREBS	✘	●	✘	★	✘	●
LÖWE	★	✘	●	✘	★	✘
JUNGFRAU	✘	★	✘	●	✘	★
WAAGE	●	✘	★	✘	●	✘
SKORPION	✘	●	✘	★	✘	●
SCHÜTZE	★	✘	●	✘	★	✘
STEINBOCK	✘	★	●	✘	★	★
WASSERMANN	●	✘	★	✘	●	✘
FISCHE	✘	●	✘	★	✘	●

(Erklärungen auf Seite 192)

WAAGE	SKORPION	SCHÜTZE	STEINBOCK	WASSERMANN	FISCHE	
•	✖	★	✖	•	✖	WIDDER
✖	•	✖	★	✖	•	STIER
★	✖	•	✖	★	✖	ZWILLINGE
✖	★	✖	•	✖	★	KREBS
•	✖	★	✖	•	✖	LÖWE
✖	•	✖	★	✖	•	JUNGFRAU
★	✖	•	✖	★	✖	WAAGE
✖	★	✖	•	✖	★	SKORPION
•	✖	★	✖	•	✖	SCHÜTZE
✖	•	✖	★	✖	•	STEINBOCK
★	✖	•	✖	★	✖	WASSERMANN
✖	★	✖	•	✖	★	FISCHE

KOMPATIBILITÄTS-TABELLE

Die Tabelle auf den Seiten 190–191 zeigt an, wie sich die einzelnen Sternzeichen miteinander vertragen.

★ Ein Stern bedeutet, dass die Zeichen gut zueinander passen.

● Ein Punkt steht für eine passable Verträglichkeit.

✖ Ein Kreuz zeigt die eher problematischen Verbindungen an.